El día
del

Escrito por
Cari Meister

Ilustrado por
Mark A. Hicks

CP

Children's Press®
Una división de Scholastic Inc.
Nueva York • Toronto • Londres • Auckland • Sydney
Ciudad de México • Nueva Delhi • Hong Kong
Danbury, Connecticut

Para mi padre, ¡un gran entrenador!
—C.M.

Para Kade K.
—M.A.H.

Especialista de la lectura
Katharine A. Kane
Especialista de la educación
(Jubilada de la Oficina de Educación del Condado de San Diego
y la Universidad Estatal de San Diego)

Traductora
Jacqueline M. Córdova, Ph.D.
Universidad Estatal de California, Fullerton

Información de publicación de la Biblioteca del Congreso de los EE.UU.

Meister, Cari.
  [Game day. Spanish]
  El día del partido / escrito por Cari Meister ; ilustrado por Mark A. Hicks.
     p. cm. — (Rookie español)
  Resumen: Ilustraciones y texto simple describen los eventos de un juego
de béisbol.
  ISBN 0-516-22353-4 (lib. bdg.)   0-516-26209-2 (pbk.)
  [1. Béisbol—ficción. 2. Libros en español.] I. Hicks, Mark A., il. II. Título. III. Serie.
PZ73 .M3755 2001
[E]—dc21
                                        2001028354

Una camisa.
Un guante.
Un gorro.

3

Dos equipos.
Una pelota.
Un bate.

Batear.

Correr.

7

Deslizarse.

Tirar.

Atrapar.

¡Empatamos!

13

Batear.

Error.

Correr.

Tirar.

Llegó a salvo.

¡Ganamos!

Lista de palabras (24 palabras)

a	día	guante
atrapar	dos	llegó
bate	el	partido
batear	empatamos	pelota
camisa	equipos	salvo
correr	error	tirar
del	ganamos	un
deslizarse	gorro	una

Sobre la autora

Cari Meister vive en una pequeña granja en Minnesota con su esposo John, su perro Samson, dos caballos, tres gatos, dos puercos y dos cabras. Es la autora de más de veinte libros para niños, incluyendo *Me fascinan las piedras* (también de las series Rookie Reader y Rookie Español), *When Tiny was Tiny* (*Cuando Tiny era pequeñita*) y *Busy, Busy City Street* (*Una calle ocupadísima de la ciudad*), los últimos dos de Viking.

Sobre el ilustrador

Mark A. Hicks es un ilustrador que ha ganado premios con sus obras artísticas para libros, revistas y productos de papel.